Inhalt

Evaluierung von Chancen aus der internationalen Aufspaltung eines Unternehmens

Kernthesen

Beitrag

Fallbeispiele

Weiterführende Literatur

Impressum

Evaluierung von Chancen aus der internationalen Aufspaltung eines Unternehmens

M. Westphal

Kernthesen

- Wer möchte bei der aktuellen Wirtschaftslage Chancen auslassen, Kostenreduktion und Variabilisierung der Fixkosten bei gleichzeitiger Qualitätsteigerung, Komplexitätsreduktion und Fokussierung knapper Management-Ressourcen auf das Kerngeschäft zu realisieren?

- Outsourcing, Business Process Outsourcing (BPO) und Offshoring sind ein Thema der Finanzvorstände, aber über die reine Kostenfrage hinaus gewinnen langfristige Überlegungen zunehmend an Bedeutung
- Gerade die Komplexität und teilweise schwierige Irreversibiität der Entscheidungen über die optimale internationale Allokation der Unternehmensleistungen verlangt ein sorgfältig geplantes und "controlltes" Vorgehen

Beitrag

Die Textilindustrie und der Maschinenbau haben die Verlagerung von Prozessen in verschiedene Regionen, nämlich dorthin, wo unter Vollkostenansatz diese am günstigsten erbracht werden, durchlebt.

Outsourcing ist ein antizyklisches Phänomen, welches gerade in Zeiten schwacher Konjunktur boomt. Die Unternehmen versprechen sich von diesen Aktivitäten insbesondere mehr Flexibilität, höhere Transparenz und mehr Kraft für das Kerngeschäft. Die Konzentration auf Kernkompetenzen ist immer noch das vorrangige Ziel vor Aspekten wie Kostensenkung und Effizienzsteigerung. Der reine

Preis hat bei diesen Überlegungen an Bedeutung verloren.

Um diese gewünschten Potenziale aber auch zu realisieren, bedarf es einer exakten strategischen Planung, um die dem Gesamtunternehmen langfristig am besten nutzende Strategie zu wählen, sowie eines sorgfältigen Outsourcing-Controllings.

Nicht kurzfristige Aktionen mit selektiven Kostenvorteilen für einzelne Funktionsbereiche sind zu wählen, sondern eine Strategie, die langfristig die Prozesseffizienz des Gesamtunternehmens verbessert.

An Komplexität gewinnt dieser schon altbekannte Outsourcing-Trend aktuell aber dadurch, dass Unternehmen nicht nur ein reines Outsourcen bestimmter Applikationen betreiben, sondern zum einen im Rahmen von Business Process Outsourcing (BPO) ganze Prozesse an externe Dienstleister auslagern oder aber mit internen wie externen Kräften in weltweiten Offshore-Lokationen ihre Leistungen erbringen.

Motivation für jegliche Art von Outsourcing-Projekten können Faktoren wie:
- Unterschiedliche Lohnniveaus
- Unterschiedliche Ausbildungsniveaus (lokale Kompetenzen)
- Differierende Steuerniveaus
- Nähe zum Kunden zur Proessbeschleunigung
- Produktentwicklung nach dem "follow-the-sun"-Prrinzip

- u. v. m.

sein, die im Sinne einer ganzheitlichen Optimierung für das Unternehmen alle gegeneinander abgewogen werden müssen.

Begriffsbestimmungen

Outsourcing

beschreibt zunächst die reine Auslagerung eines "Support"-Services wie z. B. IT-Hosting. Unter **Business Process Outsourcing (BPO)** wird die Vergabe, Durchführung und das Management eines kompletten Geschäftsprozesses an einen externen Dienstleister verstanden. Im Kern geht es dabei um die Ermittlung der optimalen Wertschöpfungstiefe eines Unternehmens. Das Zusammenspiel mehrerer Faktoren hat zum rasanten Anstieg der Globalisierung von Services, dem sogenannten Offshoring, geführt. Verbunden ist diese Tendenz gleichzeitig mit der Auslagerung immer höherwertiger Services.

Offshoring

ist die Verlagerung von Funktionen und Prozessen in Niedriglohnländer. Diese Unterfangen werden von vielen Unternehmen auch in Eigenregie abgewickelt. Um alle Potenziale auszuschöpfen sollte Outsourcing immer mit interner Optimierung und Offshoring verknüpft werden. Alle diese Faktoren sind bei der Erstellung der Outsourcing-Roadmap zu berücksichtigen. (1)

Die notwendige Vorarbeit

Im IT-Servicebereich locken Niedriglohnländer wie Indien nicht nur mit günstigen Löhnen sondern auch mit guter Qualität und hohem Ausbildungsniveau. Indische Software-Entwickler arbeiten auf höchstem Qualitätsniveau, welches die meisten der westlichen Industrienationen übertrifft. Inzwischen ist die Beschränkung auf reine Software-Entwicklung gefallen, es werden in Indien auch andere Services bis hin zur Abbildung ganzer Geschäftsprozesse angeboten.
Aber nicht nur Indien oder China bieten sich als Outsourcing-Lokationen an. Erst müssen die Rahmenbedingungen des jeweiligen Projektes genau analysiert und festgelegt werden, dann können auch Rom für Software-Entwicklung und die Schweiz für Helpdesks, sogenannte "Sweet Spots" sein. (2)

Bei der Entscheidung über die Ausgestaltung einer Service-Lösung spielt die Auswahl der Lokation eine entscheidende Rolle. Mögliche Klassifikationskriterien sind:
- On-Site (Leistungserbringung direkt beim Kunden)
- Near-Shore (Leistungen aus einer anderen Region mit signifikanten strukturellen Vorteilen)
- Off-Shore (Leistungen aus anderem Kontinent mit noch signifikanterer Differenzierung) (3)

Wesentlich für den letztendlichen Erfolg ist daher eine detaillierte Planung und das Management von Outsourcing-Deals. Sie können hinsichtlich ihrer Komplexität mit M&A-Deals verglichen werden. Auch für die Planung und Durchführung eines Outsourcing-Projektes sind viele der notwendigen Fähigkeiten für die Vorbereitung und den Abschluss von M&A-Deals erforderlich. Ein Problem der Praxis besteht aber gerade darin, dass die extreme Sorgfalt, die auf M&A-Deals verwandt wird, bei Outsorucing-Planungen selten angewandt wird. Nicht selten werden Outsourcing-Entscheidungen auf einer Adhoc-Basis getroffen, die Definition von Standards und Prozeduren werden vernachlässigt. (1)

Zunächst muss die eigene Organisation outsourcingreif gemacht werden. So ist das Outsourcing-Portfolio und die Outsourcing-Roadmap

zu entwickeln und im Top-Management zu verabschieden. Ebenso muss, wie auch für M&A-Deals üblich, ein Spezialisten-Team gebildet werden, in dem die erforderlichen Fähigkeiten systematisch aufgebaut werden.
Neben dem Prozessablauf ist auf eine adäquate Zusammenstellung des Teams zu achten, Faktoren wie Verhandlungsstärke und erfahrung sind entscheidend. Interessenkonflikte im Auswahlteam, die sich daraus ergeben können, dass Mitarbeiter über das Outsourcing ihrer eigenen Abteilung entscheiden, sind zu vermeiden.
Nicht zu vernachlässigen ist in den Planungen das Outsourcing-Management, denn nach dem Deal geht es erst richtig los. So muss die Migration zum Dienstleister für die anschließende Übergangsperiode professionell gestaltet werden. Unvermeidlich auftretende Probleme müssen einvernehmlich gelöst werden. Das Outsourcing-Management umfasst im Wesentlichen die folgenden Aufgaben:
- Überwachung der Vertragserfüllung (Service-Level-Agreements)
- Überwachung der Vertragsinanspruchnahme
- Pflege der Beziehung zum Provider
- Notfallplanung (präventiv für den Fall eines Ausfalls eines Partners)
- Integration der erbrachten Dienstleistungen in andere Funktionen (intern wie extern)
- Regelmäßige Überprüfung der

Dienstleistungsbeziehung und struktur.

Wichtig ist bei all diesen Punkten, dass die Mitarbeiter im Outsourcing-Management das outgesourcte Geschäft wie aber auch das Geschäftsmodell des Dienstleisters verstehen müssen. Erfahrene Unternehmen werben daher bei jedem Abschluss Mitarbeiter des neuen Dienstleisters ab. (1)

Evaluation der Handlungsalternativen

Eine fundierte Bewertung und Gestaltung der unterschiedlichen Optionen kann im Rahmen von Business Process Outsourcing (komplette Personalabteilung; Teile des e-Procurement; Call-Center-Aufgaben; Abwicklung des gesamten Zahlungsverkehrs) erfolgreiche Kostensenkung bei gleichzeitiger Leistungssteigerung ermöglichen. Allerdings ist dazu, wie für alle Outsourcing-Deals (inkl. Offshoring-Überlegungen) die Vorgehensweise auf zwei Stufen zu planen:
a) Die Definition der Sourcing-Strategie
b) Die systematische Planung und Gestaltung sowie auch das aktive Management von Outsorucing-Deals (1)

Zu 1. Die Definition der Sourcing-Strategie vollzieht sich im Wesentlichen in drei Schritten:

Step 1:

Zunächst müssen die Outsourcing-Kandidaten über ihre strategische Relevanz identifiziert werden. Dabei sind grundsätzlich jene Prozesse und Funktionen für Outsourcing geeignet, bei deren potenzieller Fremdvergabe keine strategische Abhängigkeit von Dritten entsteht. Diese strategische Abhängigkeit kann in zwei Dimensionen operationalisiert werden:
a) Die Bedeutung der Funktion für das Kerngeschäft
b) Der Beitrag der Funktion zur Realisierung bzw. Sicherung eines Wettbewerbsvorteils

Step 2:

Im zweiten Schritt muss dann die Outsourcing-Entscheidung für jeden identifizierten Kandidaten anhand einer Kosten- und Risikoabwägung zwischen Fremdvergabe und Verbleib getroffen werden. Wesentlich hierbei ist insbesondere aus Controlling-Sicht, eine transparente Kostensituation zu schaffen. Sämtliche Kostenblöcke, die durch eine Outsourcing-Entscheidung intern direkt oder indirekt (Overhead-Kosten) betroffen sind, müssen analysiert werden. Die

berücksichtigen.
Das Mengenrisiko z. B. kann sicherlich aufgrund der besseren Skalenposition vom Dienstleister besser verkraftet werden. Aktuell wird häufig ein "capacity on demand"-Modell forciert, wobei die implizite Risikoverlagerung auf die Schultern des Dienstleisters durch Risikoprämien abgegolten wird. Inwieweit so eine optimale Kosten-Risiko-Situation für das Unternehmen erreicht wird, ist sorgfältig abzuwägen und zu hinterfragen. Eine Vereinbarung von Floors und Caps zur höheren Planungssicherheit des Dienstleisters resultiert häufig in signifikanten Kostenersparnissen.

- Die originären Outsourcing-Risiken, die durch die Verlagerung von Funktionen oder Prozessen an Dritte entstehen.
Diese Risikodimension umfasst das
a) operative Risiko (Ausfall oder Insolvenz des externen Dienstleisters),
b) Abhängigkeitsrisiko (Reintegration der outgesourcten Leistungen häufig nur mit erheblichem Aufwand möglich),
c) Kompetenzrisiko (Verlust kritischer Kompetenzen),
d) Qualitätsrisiko (Änderung der Leistung nach Vertragsschluss),
e) Vertragsrisiko (Definitionslücken).

Step 3:

Zum Abschluss müssen noch die zeitliche Taktung, also die notwendigen internen Optimierungsmaßnahmen vor Aufnahme des Outsourcing-Projektes (ohne diese Optimierungen werden Potenziale verschenkt) sowie die Obergrenzen für Vertragslaufzeiten festgelegt werden. (1)

Während der Designphase wird ein Dokument erstellt, welches die Transaktionen, Rollen und Verantwortlichkeiten zwischen den einzelnen Organisationseinheiten regelt. Der weitgehende Verlust einer Adhoc-Eingreifmöglichkeit erzwingt ein solches geplantes und dokumentiertes Vorgehen. (3)

Die häufigsten Probleme

Untersuchungen anhand durchgeführter Outsourcing-Projekte zeigen, dass eine wesentliche Ursache für Unzufriedenheit und Konflikte in unzureichenden und/oder auf nicht adäquater Ebene angesiedelten Steuerungsmechanismen besteht. Werden rein finanzielle und formale Kriterien zur Steuerung herangezogen (also auf Ebene der CFO-Organisation), besteht die Gefahr, dass sich die

Ermittlung dieser "Kosten-Baseline" muss sämtliche Prozesskosten berücksichtigen, um eine für das Unternehmen richtige Entscheidung treffen zu können. Aufgrund häufig fehlender Prozesskostenrechnungen ist dieses aber nicht immer ein leichtes Unterfangen. Neben dieser "Kosten-Baseline" oder Total Cost of Ownership-Betrachtung der internen vergleichbaren Prozesse, müssen dann die Migrationskosten, sowie der Aufwand für das Outsourcing-Management im eigenen Hause ermittelt werden, ebenso wie der Gewinnzuschlag des Dienstleisters (sofern die Services extern vergeben werden) und die steuerlichen Effekte (z. B. Umsatzsteuer bei Outsourcing durch Finanzdienstleister; niedrigeres Steuerniveau im Ausland).Die angestrebte Win-Win-Situation dürfte im Regelfall nur dann realisiert werden, wenn der externe Dienstleister, bzw. das gewählte Land einen strukturellen Kostenvorteil besitzt, der aus folgenden vier Elementen resultieren kann:- Bessere Skalenposition
- niedrigere Faktorkosten
- höhere Prozesseffizienz- Nutzung von effizienteren Technologien.Es ist grundsätzlich zu prüfen, ob der eigene Kostennachteil struktureller Natur ist oder aber auf nicht optimierten internen Prozessen und Funktionen oder rechtlichen Rahmenbedingungen des "Heimatlandes" beruht. Sämtliche Kostenvergleiche müssen immer **nach** einer Inhouse-

Optmierung von Prozessen und Funktionen stattfinden, um adäquat vergleichbare Kostenpositionen zu haben.Ebenso ist aber auch die Überlegung zu berücksichtigen, wie sich der Kostenvorteil verändert, sofern (absehbare) Veränderungen des eigenen Geschäfts auftreten. Jede Art von Outsorucing verfolgt i. d. R. das Ziel, eine starke Kostenvariabilisierung zu schaffen, bei einer deutlichen Zunahme des Geschäftsvolumens könnten die Inhouse-Kosten aber u. U. deutlich günstiger sein.
In der Risiko-Analyse sind zwei Risiko-Dimensionen zu unterscheiden:
- Die Allokation existierender Risiken zwischen Dienstleister und Abnehmer
Wer trägt die finanziellen Folgen geschäftlicher Unsicherheit? Hierbei sind insbesondere das
a) Mengenrisiko (Schwankungen des Geschäfts),
b) Kostenrisiko (Faktorkostenveränderungen; eine Bindung an Indizes stellt hierbei nur eine unzureichende Möglichkeit dar, da Technologiefortschritte, die zum Vertragszeitpunkt nicht absehbar sind, nur unzureichend erfasst werden können),
c) Preisrisiko (Marktpreisänderungen),
d) Haftungsrisiko (Folgen von Fehlern und Mängeln) und
e) Bilanzrisiko (Änderung Bilanzkennziffern bedingt durch Reduktion des Anlagevermögens und Verbesserung der Liquiditätssituation) zu

Geschäftsbereiche nicht mehr verstanden fühlen. Werden die Mechanismen andererseits von den Personen oder der Restorganisation gesteuert, die vor Übergang der Services operativ verantwortlich waren, so ist die Versuchung groß, die Steuerungskriterien aus der eigenen alten Praxis zu übertragen, was binnen kurzer Frist Konflikte mit dem Outsourcer und zu einer Vernachlässigung der Umsetzung der eigentlichen Bedürfnisse der eigenen Geschäftseinheiten zur Folge hat. (3)

Probleme bestehen häufig dann, wenn Services outgesourct werden, für die es kaum allgemein anerkannte objektive Metriken gibt wie z. B. für den Bereich der Software-Pflege. Die je nach Stellung im Unternehmen unterschiedlichen Anforderungen an Services müssen bei der Gestaltung von Performanz-Metriken berücksichtigt werden. So wird die unmittelbar betroffene operative Ebene die unterbrechungsfreie Versorgung des täglichen Betriebs verlangen, die Leitungsebene dagegen wird die optimale Unterstützung der längerfristigen Geschäftsentwicklung im Fokus haben. (3)

Wichtig ist hervorzuheben, dass die naheliegende Vermutung, dass eine Leistung, die über mehrere Kontinente verteilt ist, notwendigerweise länger in Anspruch nimmt, nicht haltbar ist. Bei Auswertung von empirischen Daten zeigt sich, dass unter der

Voraussetzung, dass alle Möglichkeiten der Feinabstimmung von Prozessen aber auch alle technischen Möglichkeiten der Kommunikation und Zusammenarbeit genutzt werden, kein signifikanter isolierter Einfluss der geographischen Verteilung erkennbar ist. (3)

Eine allgemein bekannte Hürde bei der Entwicklung effizienter Organisationen ist die natürliche Tendenz der Identifikation der einzelnen Spezialisten mit ihrer Gruppe, verbunden mit der Abgrenzung zu anderen Teams. Notwendig ist dazu eine Aufteilung der Aufgaben zwischen Teams zu schaffen, die eine end-to-end-Sicht auf die Gesamtaufgabe gestattet, um den individuellen Beitrag auf den Gesamterfolg messbar zu machen. (3)

Existierende Prozesse und Applikationen werden vom Dienstleister übernommen, der Wissenstransfer wie auch das Knowledge Management in einer Serviceorganisation spielen daher eine entscheidende Rolle. Der Verlust der räumlichen Nähe führt darüber hinaus zu abnehmenden informellen Kontakten und damit einer wesentlichen Grundlage gemeinsamen Verständnisses. Die Rolle von Verbindungspersonen gewinnt somit extrem an Bedeutung. (3)
Denn Reisekosten und Reisezeiten können mit zunehmender Distanz zu einem signifikanten Kostenfaktor werden. Für den ökonomischen Erfolg

eines Projektes ist daher eine angemessene Balance zwischen den zur Organisationsentwicklung und dem Know-How-Transfer notwendigen Reisen und der Inanspruchnahme alternativer Steuerungsmechanismen entscheidend. Es darf keine Reisen geben, die zum Ausgleich planerischer Defizite notwendig werden. (3)
Die weltweite Aufteilung einer Unternehmensorganisation stellt sehr hohe Anforderungen an die Koordination und Synchronisation der einzelnen Teams. Die Steuerung der Effizienz und der Qualität erfordert eine geschlossene end-to-end-Betrachtung des existierenden Service, sowie eine abgestimmte integrale Vision für die laufende Fortentwicklung. Wesentliche Sichtweisen sind in diesem Zusammenhang:
- Technische Aufsicht (Gemeinsames Verstehen und gemeinsame Verantwortung für Architektur und Integrität der Applikationen durch geeignete kollaborative Software-Werkzeuge)
- Prozess Aufsicht (Geschlossene kurze Feedback-Zyklen sowie ein gemeinsames Verständnis der kritischen Erfolgsfaktoren)
- Aufsicht über die Fähigkeiten der einzelnen Teams (Integration und Austausch fördernde Aktivitäten im Sinne der Ausrichtung der Gesamtheit der Serviceorganisation an den Zielen des Gesamtunternehmens) (3)

Fallbeispiele

Die Gründung eines Joint Ventures in Indien sowie dessen Verzahnung mit zwei Onshore-Zentren in Europa konnte für ein Unternehmen die Kosten pro verlagerten Mitarbeiter um über 40 Prozent senken. (1)

Am Beispiel des britischen TK-Ausrüsters Marconi zeigt sich, wie sich durch Outsourcing das Kosten-Management mit der strategischen Ausrichtung auf die Geschäftsprozesse kombinieren läßt. Durch das IT-Outsourcing wurden nicht nur die laufenden Ausgaben im IT-Bereich um rund zehn Prozent gesenkt und damit der Cashflow verbessert, sondern man konnte sich auch auf all seine Kernkompetenzen konzentrieren und somit schneller und flexibler auf Marktentwicklungen reagieren. (7)

Weiterführende Literatur

(1) Business Process Outsourcing - aber richtig! aus IM Die Fachzeitschrift für Information

Management & Consulting, Nr. 3, 2003, S. 24-30

(2) Outsourcing/Billiglohn-Image ist verblasst Offshore kündigt einen Strukturwandel an
aus Computerwoche, 03.10.2003, Nr. 40, S. 42-43

(3) Effiziente Steuerung von Outsourcing-Engagements im Rightshoring-Paradigma
aus IM Die Fachzeitschrift für Information Management & Consulting, Nr. 3, 2003, S. 18-23

(4) Martforscher wecken Zweifel an IT-Auslagerungen Technik-Outsourcing geht laut Gartner-Studie zumeist schief
aus Financial Times Deutschland vom 26.09.2003, Seite 5

(5) Fehr, Katharina; "Hello, here is Bangalore", Immer mehr Arbeitsplätze aus dem Dienstleistungssektor werden nach Indien verlagert auch aus der Schweiz, NZZ am Sonntag, 14.09.2003, Nr. 37, S. 53
aus Financial Times Deutschland vom 26.09.2003, Seite 5

(6) A Crucial Strategy: Offshoring
aus American Banker, 12.09.2003, Vol. 168, No. 175, p. 17

(7) Outsourcing/Das Wort der Finanzvorstände hat Gewicht Outsourcing mit spitzer Feder gerechnet
aus Computerwoche, 03.10.2003, Nr. 40, S. 44-45

Impressum

Evaluierung von Chancen aus der internationalen Aufspaltung eines Unternehmens

Bibliografische Information der deutschen Nationalbibliothek

Die Deutsche Nationalbibliothek verzeichnet diese Publikation in der deutschen Nationalbibliografie; detaillierte bibliografische Daten sind im Internet über http://dnb.d-nb.de abrufbar.

ISBN: 978-3-7379-0004-1

© 2015 GBI-Genios Deutsche Wirtschaftsdatenbank GmbH, Freischützstraße 96, 81927 München, www.genios.de

Alle Rechte vorbehalten. Dieses Werk ist einschließlich aller seiner Teile – z.B. Texte, Tabellen und Grafiken - urheberrechtlich geschützt. Jede Verwertung außerhalb der Grenzen des Urheberrechtsgesetzes bedarf der vorherigen Zustimmung des Verlags. Dies gilt insbesondere auch für auszugsweise Nachdrucke, fotomechanische

Vervielfältigungen (Fotokopie/Mikroskopie), Übersetzungen, Auswertungen durch Datenbanken oder ähnliche Einrichtungen und die Einspeicherung und Verarbeitung in elektronischen Systemen.